FACULTÉ DE DROIT DE PARIS.

THÈSE
POUR LA LICENCE.

L'acte public, sur les matières ci-après, sera soutenu le samedi 1ᵉʳ août 1829, à deux heures,

Par Edouard-Antoine BRÉARD, né à Froberville (Seine-Inférieure).

PRÉSIDENT, M. DEMANTE, PROFESSEUR,

SUFFRAGANS. { MM. DELVINCOURT, DU CAURROY, BUGNET, BAVOUX, } PROFESSEURS.

SUPPLÉANT.

Le Candidat répondra en outre aux questions qui lui seront faites sur les autres matières de l'enseignement.

PARIS.
IMPRIMERIE DE CARPENTIER-MÉRICOURT,
RUE TRAÎNÉE, N° 15, PRÈS S.-EUSTACHE.

1829.

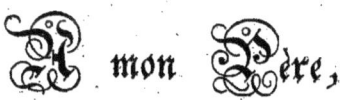

A ma mère.

JUS ROMANUM.

DE USUFRUCTU ACCRESCENDO.
Pand., lib. 7, tit. 2.

Ususfructus est jus alienis rebus utendi fruendi, salvâ rerum substantiâ. Qui verò jus istud in re alienâ constitutum sibi acquirit, ille personalem habet servitutem, quæ nonnullis modis, de quibus infrà tractaturi sumus, extinguitur. Ubi autem amissus est ususfructus, qui uni tantùm personæ fuerat relictus, ad proprietatem recurrit. Si pluribus personis quæ partes sibi assignatas singulæ habent datur ususfructus, tot sunt diversi ususfructus quot sunt diversæ personæ, et ideò pars quæque amissa, redit ad proprietatem. Relictus autem in solidum pluribus personis, quarum aliqua morte vel alio modo jus suum amiserit, nihilòminùs integer apud cæteros remanet ususfructus. Tùm demùm enim, quùm finitus fuerit totus ususfructus ad proprietatem revertit. Quam autem habebat partem, qui suum jus amisit, illa cæteris retinetur, et jure accrescendi ad illos venire dicitur : circa enim usumfructum jus accrescendi est jus retinendi vel nanciscendi partem illius, qui concurrere non potuit, vel concurrere desiit. Quibus in casibus sit locus juri accrescendi nobis explorandum.

Quoties ususfructus est legatus, ità inter fructuarios est jus accrescendi, si conjunctim sit ususfructus legatus. Interdùm tamen, etsi non sint conjuncti, tamen ususfructus legatus accrescit, ut putà, si mihi fundi ususfructus separatim totius relictus est, et tibi ejusdem similiter relictus est. Quod ante Justinianeum jus non sine ullâ distinctione erat accipiendum, nam distinguebatur utrùm legatum relictum fuisset per damnationem, an per vindicationem. Usufructu enim per damnationem duobus relicto, si legatarios eadem scriptura conjunctos fecerat, quisque suam partem tantùm obtinebat; si vero disjunctos illos fecerat separata propositio, tùm unus usumfructum obtinebat, alter æstimationem, et inter illos non erat jus accrescendi. Tum vero inter legatarios vigebat jus accrescendi quos conjunctos vel disjunctos fecerat scriptura, cum illis per vindicationem relinqueretur ususfructus. Sed, jure Justinianeo, sublatâ legatorum differentiâ et datâ in rem actione, quum legatum sive per damnationem, sive per vindicationem relinqueretur, verè dicitur totiès esse jus accrescendi, quotiès duobus vel separatim vel conjunctìm idem relinquitur ususfructus.

Interdùm autem colegatarii, quamvis unâ et eâdem oratione conjuncti, jure accrescendi gaudere nequerunt. Quod evenit, quum partes assignatas singuli habent, veluti si Titio et Mævio ususfructus relictus est æquis partibus: nam colegatarii usumfructum non habent in solidum et totidem sunt ususfructus, quot legatarii. Attamen si apparet ità partes cuique assignatas fuisse ut potiùs quomodò legatum dividatur, quàm quid sit legatum intelligas, tunc et colegatarii jure accrescendi gaudebunt, quippe inspicienda est testatoris voluntas.

Circà jus accrescendi cautè distinguendi sunt colegatarii in eodem usufructu conjuncti; nam ad unum et eumdem usumfuctum possunt venire alii, qui eâdem scripturâ conjunguntur, alii qui singuli singulâ oratione vocantur, quod accidit, cùm conjunctìm duobus ususfructus fundi est datus, et ejusdem fundi usufructus alteri purè relictus est. Verum si unus è duobus istis, quibus unâ et eâdem oratione ususfructus datus est, jus suum amiserit, ille solus jure accrescendi gaudebit, qui eâdem oratione vocatus fuerat; nàm duo isti colegatarii, quos scriptura junxerat, unius tantùm personæ vicem gerunt cum illo concarrentis, cui separatìm ususfructus legatus fuerat. Quamdiù igitur vel unus fruitur, usumfructum in suo statu manere dici potest.

Inter plures unius servi dominos, cui relinquitur ususfructus, viget jus accrescendi, non enim dominorum sed servi inspicienda est persona, cui relictus est ususfructus.

Locus erit juri accrescendi inter colegatarios, quorum alter fundi, alter ususfructûs legatarius est. Quùm enim fundus alteri datur et alteri ejusdem fundi ususfructus, hoc evenit, ut legatarius fundi plenum dominium habeat, in quo continetur et ususfructus jàm alteri relictus. Igitur duobus datus et concursu tantùm divisus, amittente jus suum fructuario, accrescit ususfructus colegatario potiùs quàm redit ad proprietatem : non potest enim redire ad proprietatem, cùm a proprietate non fuerit separatus.

Inter legatarios et non legatarios, in specie sequente, juri accrescendi locus est. Soli liberi instituuntur hæredes; et illorum matri ità ususfructus datur, ut illos secum habeat fruentes; hic liberi non sunt colegatarii, sed hæredes, mater vero legataria est; et tamen inter illos jus est accrescendi, ità ut, matre mortuâ, liberis accrescat.

Non cessat jus accrescendi, quùm unus è colegatariis usumfructum amissum ex testatoris voluntate recipiat, sive totus ususfructus, sive pars tantùm ususfructus illi fuerit relegata. Qui enim ex repetitione vel ex novo legato usumfructum totum resumit concurrere non desinit, manente adhùc usufructu, qui cæteris ab initio in solidum relictus est; partem vero, quæ tantùm fructuario jus suum amittenti relegatur, cæteri cofructuari in usufructu apud ipsos in solidum servato jàm comprehensam habent et concursu tantùm divident : igitur in utroque casu versatur jus accrescendi.

Non illis datur jus accrescendi, quibus ab initio singulæ partes in usufructu fuerunt expressìm relictæ. Interdùm legatarii partes ab initio habere intelliguntur, cùm alimentorum causâ relictus est ususfructus, quamvis partium non expressa sit mentio.

Qui separatìm alternis annis relictum usumfructum habent, jure accrescendi non gaudent, cùm palàm est diversorum temporum relictos esse ususfructus, ideòque diversos esse ususfructus.

Latiùs quoàd usumfructum, quàm quoàd proprietatem jus accrescendi porrigitur; quia proprietas momento acquiritur, igitur quùm concurrerunt conjuncti et concursu partes suas singuli abstulerunt, non potest ampliùs inter illos jus esse accrescendi, quippe in perpetuum illas sibi quæsierunt. Verùm autem ususfructus quotidiè constituitur et quotidiè acquiritur: igitur legatarii ejusdem ususfructûs quotidiè concurrunt, et per consequentias quotidiè inter illos locus esse potest juri accrescendi, si quis concurrere desierit.

Quibus modis ususfructus amittitur.
Pand., lib. 7, tit. 4.

Ne in universum inutiles essent proprietates, semper abscedente usufructu, placuit certis modis extingui usumfructum et ad proprietatem reverti.

Morte fructuarii amitti usumfructum non recipit dubitationem; istud enim jus extinguitur, quùm perit persona cui cohærebat. Dubitabatur tamen amitti usumfructum, qui, servo vel filio familias relictus, per illos fuerat domino vel patri acquisitus, quùm filius servusve vitá discederent. Quam difficultatem dirimens Justinianus voluit, mortuo servo vel filio, quibus fuerat legatus, patrem vel dominum usumfructum retinere.

Ususfructus civitatibus vel collegiis relictus non poterat centum annos excedere; quod temporis spatium longissimus humanæ vitæ finis habetur.

Jure pand. Capitis diminutione amittitur ususfructus si in insulam deportetur fructuarius, vel si ex causâ metalli servus pœnæ efficiatur, vel si statum ex adrogatione vel adoptione mutaverit. Qui enim capite minuitur, novæ personæ partes obtinet, quam non sequitur ususfructus, qui ex personâ ad aliam personam transire non potest. Jure Justinianeo non minimâ capitis diminutione extinguitur ususfructus.

Capitis diminutio usumfructum extinguit, qui jam constitutus est; nàm si ante aditam hæreditatem vel ante diem ususfructûs cedentem legatarius capite minuitur, nihilominùs ad legatum vocabitur.

Igitur usufructu duobus separatim ità relicto, ut alternis annis quisque fruatur, quùm plures sint diversorum temporum ususfructus, ille tantùm anni usum fructum amittit si modò jus fruendi habuit, quùm intercedit capitis diminutio; quippe sequentium annorum ususfructus, qui nundùm constitutus est, amitti nequit.

Cùm autem ususfructus datur in singulos annos, vel menses, vel dies, plures relinquuntur ususfructus, et nundùm constituti sequentium temporum ususfructus non extinguentur, sed novus ex testamento recipietur ususfructus: quippe plura testator legata fecit. Quod ex testamento inducendum est sive implicitè, sive explicitè expressum sit. Igitur intelligendum est plures esse ususfructus, cùm in annos, vel menses ususfructus legatus fuerit, et quùm testator dixerit: quotiès amissus fuerit ususfructus, ejusdem rei relego usumfructum.

Jure pand. Alienatione servi, per quem ille fuerat acquisitus, amittebatur ususfructus; quod jure Justinianeo mutatum est.

Cæterùm, mutato domino, ante diem ususfructûs cedentem, servus novo domino legatum acquirit.

Non utendo amittitur ususfructus, si possessione fundi biennio fructuarius non utatur, vel rei mobilis anno, quæ tempora produxit Justinianus.

Fructuarius non utendo jus suum amittit, etiam impeditus ne fruatur.

Notandum usumfructum alternis annis vel in singulos annos relictum non posse amitti non utendo, quippe plura sunt legata.

Hanc decisionem, quæ tantùm usumfructum et urbanas servitutes spectat, communem non habent rusticæ servitutes.

Qui tantùm utitur, quùm scit utenti fruendi jus habere, retinet usumfructum; si vero nescit utendi fruendi jus habere, usumfructum amittit et usum, nam ut debet non utitur.

Fructuarius uti videtur, cùm ipse re fruitur, vel alii fruendam locat aut vendit: et parvi refert an ipsi fruantur necne qui conduxerunt vel emerunt. Nam qui pretio fruitur, non minùs habere intelligitur quàm qui principali re fruitur.

Utitur fructuarius qui precario concedit, vel donat, sed tamen hìc necesse est ut donatarius utatur.

Si quis fructuarii scientis ignorantisve rem gerit, non amittitur ususfructus non utendo.

Attamen potest evenire ut, quamvis rem locaverit, aut vendiderit, fructuarius non utatur, si alius re non nomine fructuarii utatur. Etenim, si à fructuario usumfructum emerit et fundum vendiderit dominus, non deducto usufructu, amittitur ususfructus.

Amittitur ususfructus, quem in jure fundi domino fructuarius cedit.

Consolidatione extinguitur ususfructus, id est, si dominium rei ad fructuarium perveniat: modò junctionis titulus non infirmetur, aut in dies, vel annos, relinquatur ususfructus, primo enim casu dominium rei ad fructuarium non venisse dicitur, et secundò consolidatione extinguitur ususfructus annorum, per quos duravit, non sequentium.

Interitu rei amittitur ususfructus; nam jus est in corpore, quo sublato, et ipsum tolli necesse est, adeò que extinguitur, ut in eo, quod ex re superest, non maneat; dominus autem rei quod ex re suâ superest habet, quia dominus rem habet, quamcumque formam induat. Non item de fructuariis, quorum jus perit, quùm res non jàm eamdem destinationem habere potest, quamvis non omninò sit extincta.

Reviviscit ususfructus si res ad veterem formam et destinationem redierit, modò inter tempus quo non amittitur non utendo.

Præter mortem et capitis diminutionem, pro parte cæteris modis extingui potest ususfructus.

Quod si petatur ususfructus, vel ad alium pertinere negetur.
Pand. lib. 7, tit. 6.

Circa usumfructum duæ in rem dantur actiones, quarum una, dicta confessoria, soli fructuario competit ad jus suum petendum; et altera, dicta negatoria, domino competit ad negandum esse alienum usumfructum.

Solus potest intendere sibi jus esse utendi fruendi, qui usumfructum à proprietate separatum habet; igitur dominus fundi ità intendere non potest, quippe non jus separatum habet. Cæterùm, dominus fundi potest intendere non alienum esse usumfructum, et magis videtur suo jure, quàm alieno agere, cùm negat jus esse alteri, se invito, utendi fruendi.

Hæc actio competit fructuario non tantùm adversus fundi dominum, sed quemvis possessorem, non equidem ad fundum vindicandum, sed tantùm usumfructum.

Non ad servitutem, sed ad usumfructum vindicandum adversus vicini fundi dominum eadem competit actio.

Si actor probaverit sibi jus esse utendi fruendi, omnis causa restituenda est.

Quùm autem fructuarius dejectus aut impeditus, de restitutione occupatarum rerum agit, si, medio tempore, aliquo casu interciderit ususfructus, de perceptis anteà fructibus, datur utilis actio; nam, usufructu extincto, extinguitur directa actio.

Actione, quæ dicitur negatoria, dominus fundi negat alienum esse usumfructum, et fructus illi præstandi sunt, si victor evaserit, ità tamen si non sit possessor, qui agat.

Hanc inter se differentiam habent rei vindicatio et servitutis vindicatio, quòd altera nunquàm possessori, altera et possessori datur.

DROIT FRANÇAIS.

DE L'USUFRUIT.
Cod. Civ., liv. 2, tit. 3, art. 587 à 636.

Le propriétaire d'une chose peut en user, en jouir et même en disposer; sans avoir sur les choses ce pouvoir absolu de la pleine propriété, on peut avoir le droit de simple jouissance : que le propriétaire ait les fruits que produit la chose, c'est la conséquence de son titre de propriétaire ; mais le droit de percevoir les fruits d'un bien, dont un autre a la propriété, c'est ce qui constitue l'usufruit.

Ce droit démembré temporairement de la propriété, dont il attribue une partie des avantages à une personne déterminée, qui n'est point propriétaire, a été de tout temps considéré comme une servitude personnelle. Lors de la confection de notre code, les législateurs n'ont pas voulu introduire dans nos lois un mot qui n'était plus en harmonie avec les idées de l'époque; mais la nature de droit d'usufruit n'en est pas changée.

Celui au profit duquel est constituée cette servitude personnelle a par lui-même le droit de jouir de la chose d'autrui. C'est ce qui distingue l'usufruitier du fermier. Le premier a un droit sur la chose dont la jouissance lui appartient; le dernier n'a qu'une action personnelle contre le propriétaire pour obtenir la jouissance de la chose.

L'usufruit étant un droit réel participe à la nature des objets auxquels il s'applique, et par conséquent il peut être mobilier ou immobilier. Le fermier au contraire, n'étant que créancier du propriétaire pour obtenir des fruits, n'a évidemment qu'un droit toujours mobilier.

Ce droit de l'usufruitier sur la chose elle-même, se distingue du droit de rétention accordé au créancier qui détient l'immeuble, que son débiteur lui a remis en antichrèse. Ce droit de rétention passe aux héritiers du créancier..

Comment l'usufruit peut-il s'établir et sur quels biens.

L'usufruit est le droit de jouir des choses dont un autre a la propriété, comme le propriétaire lui-même, mais à la charge d'en conserver la substance.

En vertu du plein pouvoir qu'il a sur la chose, le propriétaire peut changer sa manière d'en jouir, et adopter un nouveau mode de jouissance, qui la rendra incapable de celui dont elle était d'abord susceptible. L'usufruitier n'a point cette liberté, et son mode de jouissance doit être conforme à celui de son auteur. Toutefois si le fonds est en friche, l'usufruitier peut le cultiver, mais s'il a déjà un mode de jouissance, il ne peut seul y en substituer un nouveau, même plus avantageux que le premier.

L'usufruit peut être établi par la loi ou la volonté de l'homme. Les juges, à Rome, étaient autorisés, dans certains cas, a établir un usufruit, pour échapper aux difficultés d'un partage; nos tribunaux n'auraient pas ce même pouvoir; car la loi ordonne la licitation des biens qu'on ne peut partager.

Le droit d'établir l'usufruit sur son bien étant la conséquence du droit d'aliéner qu'a le propriétaire, il est clair en général que celui-ci peut le constituer sous les conditions et modifications, qu'il juge à propos.

L'usufruit peut s'établir sur toute espèce de biens, meubles ou immeubles. Le code n'excepte même pas les choses qui se consomment par le premier usage. L'obligation, où est l'usufruitier d'en rendre l'équivalent, tient lieu, à leur égard, de l'obligation d'en conserver la substance. Un pareil usufruit ne doit point être confondu avec le prêt de consommation. Les effets de ce contrat durent pendant le temps fixé par la convention et passent aux héritiers de l'emprunteur ; ils sont obligés de remplir ses engagemens, et jouissent à cet effet des délais qui restaient encore à leur auteur.

Droits de l'usufruitier.

L'usufruitier a le droit de percevoir les fruits des choses sur lesquelles repose son usufruit.

Les fruits ne sont pas seulement les produits périodiques de la terre, des plantes et des animaux, mais tout ce qu'une chose est destinée à produire, et même tout ce qu'on peut périodiquement recueillir à son occasion.

Le code divise les fruits en trois classes ; fruits naturels, industriels, et civils. Les fruits des deux premières classes s'acquièrent de la même manière, ceux de la troisième ont un mode d'acquisition qui leur est spécial.

L'usufruitier acquiert par la perception les fruits naturels et industriels. Les moissons et les coupes de bois ne lui appartiennent que lorsqu'il les a détachées du fonds; tant'qu'elles y sont attachées, elle appartiennent au propriétaire du fonds dont elles font partie. Aussi l'usufruitier qui vient à perdre son droit, après que les moissons sont parvenues à leur maturité, mais avant qu'elles soient détachées du sol, n'y conserve plus aucun droit ; elles appartiennent au propriétaire du sol qui recouvre sa pleine propriété et la liberté de son fonds.

Les fruits naturels et industriels, qui sont pendans par branches ou par racines au moment où s'établit l'usufruit, seront perçus par l'usufruitier, sans aucune indemnité pour les frais de semence et labours. Ceux qui seront dans le même état, lorsque l'usufruit viendra à s'éteindre, appartiendront au propriétaire, qui ne sera tenu d'aucune indemnité. La loi n'a pas voulu établir des comptes à régler entre le propriétaire et l'usufruitier; elle a préféré remettre leurs intérêts aux chances du hasard; car il est possible que l'usufruitier, qui a pris les champs chargés de moissons, les restitue dans le même état.

La loi, qui donne à l'usufruitier ces droits exclusifs sur les fruits dont les champs sont chargés au moment de l'ouverture de son droit, et qui l'oblige de restituer le fond dans l'état où il se trouve lors de l'extinction de l'usufruit, déclare qu'aucun préjudice ne doit être apporté aux droits acquis du colon partiaire.

Quant aux fruits civils, qui ne sont à proprement parler que des revenus qu'on perçoit à l'occasion de la chose, il a paru plus juste de les faire acquérir jour par jour à l'usufruitier en proportion du temps de la jouissance. Notre code ne distingue pas si le revenu représente ou non les fruits du fonds, et par là il déroge à l'ancienne jurisprudence, qui considérait le prix des beaux à ferme comme le prix des récoltes, et ne les faisait acquérir à l'usufruitier que lorsque son droit survivait à la perception des fruits. Sous notre code l'usufruitier acquiert les fruits par la perception, lorsqu'il fait lui-même valoir le fond; lorsqu'il le donne à ferme, il acquiert les fruits jour par jour.

Les droits de l'usufruitier varient, quant à leur étendue, suivant la nature des choses mobilières soumises à l'usufruit.

Si les choses soumises à l'usufruit se consomment par le premier usage, il en est propriétaire, et il peut en disposer à son gré; seulement, à la fin de l'usufruit, il en doit rendre l'équivalent en nature ou en argent.

Si les choses soumises à l'usufruit ne se consomment pas par le premier usage, mais sont cependant susceptibles de se détériorer, l'usufruitier n'en est pas propriétaire; il n'a que le droit de s'en servir, et lorsque sa qualité d'usufruitier viendra à s'évanouir, alors il sera tenu de les représenter dans l'état où elles se trouveront. Il était juste d'obliger l'usufruitier de les représenter, sans cela il aurait pu les vendre au commencement de l'usufruit, faire le placement du prix, et se dispenser de les rendre, sous prétexte qu'elles sont usées, et que les débris même en ont disparu; par cette manœuvre, l'usufruitier en aurait acquis la propriété.

L'usufruitier n'est point obligé, à la fin de l'usufruit, de restituer les arrérages des rentes même viagères; ils sont considérés comme fruit civil, et n'altèrent pas la substance du droit qui les produit. La rente viagère est considérée comme un être moral produisant temporairement des fruits.

Si l'usufruit est établi sur des bois, et que ces bois soient taillis ou futaies mises en coupes réglées, l'usufruitier a le droit de les exploiter à son profit, en se conformant, pour l'ordre et la quotité des coupes, à l'aménagement ou à l'usage constant des propriétaires, sans indemnité toutefois pour les coupes qu'il n'aurait pas faites pendant sa jouissance.

Si les bois sont futaies non mises en coupes réglées, elles appartiennent exclusivement au propriétaire, seulement l'usufruitier peut se servir des arbres arrachés ou brisés par accident pour faire les réparations auxquelles il est tenu; il peut même en faire abattre pour cet objet, à la charge d'en faire constater la nécessité avec le propriétaire.

L'usufruitier a le droit de prendre sur les bois mis en réserve, comme dans tous autres mis en coupes réglées, des produits annuels ou périodiques, tels que glands, faines, etc.

Quant aux arbres fruitiers, étant susceptibles d'un remplacement plus facile et d'un accroissement plus prompt, l'usufruitier d'ailleurs étant intéressé à les conserver, la loi le rend maître des arbres lorsqu'ils sont morts, ou arrachés, ou brisés par accident, mais à la charge de remplacement.

L'usufruitier doit jouir comme le propriétaire, or le propriétaire peut jouir par lui-même ou louer à autrui : l'usufruitier a donc la même liberté. Cependant, n'ayant qu'un droit temporaire sur la chose, il semble qu'il ne devrait la louer que pour le temps que doit durer son usufruit; aussi eût-il été plus conforme aux principes de décider que les baux de l'usufruitier ne pourraient excéder la durée de son droit; cependant puisqu'il doit jouir comme le propriétaire, et par conséquent avec les mêmes avantages, on a dû décider que ses baux seraient obligatoires pour le propriétaire après l'extinction de l'usufruit, pourvu qu'ils soient faits pour le temps déterminé par la loi. Sans cette garantie légale l'usufruitier n'aurait pas trouvé facilement des fermiers pour l'exploitation des terres, et, par suite, il n'aurait pas joui comme le maître du fonds, et l'intérêt même de l'agriculture eut été compromis.

L'usufruitier peut vendre ou céder son droit; cela ne veut pas dire que le droit de l'usufruitier passera sur la tête d'un tiers, et l'attachera à sa personne; le droit de l'usufruit reste attaché à la personne du cédant, et l'exercice de ce droit compète seul au cessionnaire.

Devant jouir comme le propriétaire, l'usufruitier doit jouir des servitudes, et généralement de tous les droits dont jouissait le propriétaire.

Les mines sont des masses qui s'épuisent et ne se reproduisent pas; il semble donc que l'usufruitier n'aurait point dû en jouir. Cependant si l'exploitation en a été commencée avant la constitution de l'usufruit, elles sont assimilées aux arbres de haute futaie, mises en coupes réglées avant la même époque.

L'usufruitier jouit de l'augmentation lente et insensible dont l'alluvion fait accroître le fonds. Je ne pense pas que l'usufruitier puisse jouir de l'île qui vient à se former dans le fleuve : acquérir par accession est une prérogative qui n'appartient qu'au propriétaire.

Le trésor n'est ni un produit, ni un fruit du fonds; l'usufruitier ne peut donc y prétendre qu'en qualité d'inventeur.

L'usufruit est une servitude ; c'est de ce principe que se déduisent toutes les obligations du propriétaire, il est tenu de laisser jouir l'usufruitier, et de s'abstenir de tout fait qui pourrait apporter du trouble à sa jouissance. Il ne peut disposer de son bien de manière à préjudicier aux droits de l'usufruitier. Il n'est pas tenu d'améliorer le fonds, ni de donner indemnité pour les améliorations que l'usufruitier aurait jugé à propos de faire, sauf pour celui-ci le droit d'enlever les ornemens qu'il aurait placés pendant sa jouissance.

Obligations de l'usufruitier.

La jouissance de l'usufruitier doit être précédée, accompagnée, suivie de l'accomplissement de différentes obligations.

Conformément à l'économie des servitudes qui ne consistent qu'à souffrir et supporter, l'usufruitier doit prendre les choses dans l'état où elles se trouvent. Pendant la durée de son droit il est obligé de jouir en bon père de famille ; après l'extinction de l'usufruit, il doit restituer les choses en nature, s'il n'en avait que l'usufruit, proprement dit, leur équivalent s'il en était propriétaire.

Pour assurer l'exécution de toutes ces obligations, l'usufruitier est tenu de faire dresser un inventaire des meubles, et un état des immeubles : il peut être dispensé de remplir cette formalité par celui qui lui a conféré son droit d'usufruit ; mais il n'a aucun motif ni aucun intérêt pour empêcher le propriétaire de remplir ces formalités, lorsqu'il en est dispensé par son titre.

Si l'usufruitier ne remplit pas cette obligation, lorsqu'il n'en est pas dispensé, il s'expose à ce que l'entrée en jouissance lui soit refusée.

Comme tous ces actes intéressent le propriétaire, auquel les choses doivent être restituées, il est de nécessité qu'il soit présent ou du moins dûment appelé.

Ce n'est pas assez d'avoir constaté l'état des biens soumis à l'usufruit, il faut encore garantir le propriétaire contre les abus de jouissance, auxquels ils seront exposés entre les mains de l'usufruitier, aussi la loi impose-t-elle à ce dernier l'obligation de donner caution.

Cette obligation de donner caution cesse entièrement dans certains cas, soit à raison de la qualité des parties, soit à raison de leurs volontés expresses ou présumées.

La loi a prévu le cas où l'usufruitier ne pourrait pas trouver de caution; tous les immeubles alors sont donnés à ferme ou mis en sequestre; les meubles, les denrées sont vendues; on fait le placement du prix et de toutes les sommes d'argent comprises dans l'usufruit, les intérêts de toutes ces sommes, et le prix des baux à ferme, appartiennent à l'usufruitier.

Cependant les meubles les plus nécessaires à son usage peuvent lui être laissés, avec l'autorisation des juges, sous sa simple caution juratoire à la charge de les représenter à l'extinction de l'usufruit.

Pendant la durée de son droit, l'usufruitier doit jouir en bon père de famille; cette obligation comprend celle d'aquitter toutes les charges de fruits, et par charges de fruits on comprend toutes celles qu'un bon père de famille est dans l'usage d'acquitter sur ses revenus.

C'est ordinairement sur ses revenus qu'on prend les charges annuelles de son héritage, telles que les contributions, le prix des corvées et autres prestations pour l'entretien des routes.

Quant aux charges extraordinaires que l'état peut imposer sur la propriété, tel qu'un emprunt forcé, ou autres dépenses que les communes peuvent faire dans un intérêt plus local, le Code règle la manière dont le propriétaire ou l'usufruitier peuvent les acquitter ; le capital est à la charge du propriétaire, les intérêts doivent être supportés par celui à qui appartiennent les fruits. Si le propriétaire ne veut pas acquitter ce capital, il peut vendre le bien jusqu'à concurrence de la somme nécessaire pour couvrir les charges. Cependant l'usufruitier peut toujours empêcher la vente, en faisant les avances du capital, dont il a la répétion à la fin de l'usufruit.

C'est encore sur les revenus qu'on prend les dépenses à faire pour entretenir le bien en bon état, l'usufruitier devra donc subvenir aux réparations d'entretien, que la loi met à sa charge pendant la durée de son usufruit, mais il pourra toujours se soustraire à cette obligation en faisant l'abandon de son droit.

L'usufruitier n'est pas tenu des grosses réparations, à moins qu'elles ne proviennent de sa négligence, sauf ce cas elles demeurent à la charge du propriétaire. Mais la reconstruction de ce qui est tombé de vétusté, ou détruit par cas fortuit, n'est à la charge ni du propriétaire ni de l'usufruitier, et si ce dernier venait à reconstruire, il serait considéré comme un possesseur de mauvaise foi.

Les dettes d'une succession forment un capital dont répond l'universalité des biens, et dont les intérêts doivent être payés par celui qui en a la jouissance. L'usufruitier de tous les biens devra donc les intérêts de toutes les dettes, et l'usufruitier d'une quote-part des biens, devra supporter en sa jouissance une diminution équivalente à l'intérêt des sommes dues par les biens dont il a l'usufruit.

Si l'universalité des biens répond de l'universalité des dettes, chaque bien en particulier n'en répond pas ; aussi l'usufruitier d'un bien particulier ne doit même pas les intérêts des sommes hypothéquées sur le fonds dont il a l'usufruit. Les rentes viagères étant charges de fruits, doivent être payées par l'usufruitier universel dans leur intégralité, par l'usufruitier à titre universel jusqu'à concurrence de son titre.

La distinction des charges de fruits et des charges imposées à la propriété s'applique aux frais des procès relatifs aux biens soumis à l'usufruit. Si le procès concerne la jouissance, l'usufruitier est tenu des frais et condamnations. S'il concerne la pleine propriété, l'usufruitier et le propriétaire y contribuent comme aux charges extraordinaires imposées à la propriété.

Devant jouir en bon père de famille, l'usufruitier est responsable, sous peine de dommages-intérêts, de toute usurpation, de tout attentat aux droits du propriétaire, s'il ne les a pas dénoncés. Il répond de toutes dégradations qu'il aurait lui-même commises.

Après l'extinction de l'usufruit, les choses doivent être restituées au propriétaire, à moins que la perte de la chose, arrivée par cas fortuit, n'ait dispensé l'usufruitier de l'obligation de restituer; seulement il doit compte de ce qui reste de la chose.

Comment l'usufruit prend fin.

L'usufruit paralyse les droits du propriétaire sans les éteindre, et il rendrait la propriété vaine, s'il devait durer toujours; aussi la loi a établi divers moyens de la faire cesser.

D'abord l'usufruit, étant une servitude personnelle, ne peut avoir une existence prolongée au-delà de celle de la personne à laquelle il est attaché. La mort civile de l'usufruitier, qui lui enlève la propriété de tous ses biens, lui enlève aussi ses droits d'usufruit.

Les communes et autres établissemens publics pouvant se perpétuer à toujours, la propriété des choses, dont l'usufruit leur est accordé, serait vaine, si les lois n'y avaient mis un terme. La loi en a borné la durée à trente ans. L'usufruit cesserait encore si cet établissement venait à être supprimé.

L'expiration du terme fixé fait évanouir le droit de l'usufruitier; mais nous devons observer que l'usufruit accordé jusqu'à ce qu'une personne ait atteint un âge déterminé dure jusqu'à cette époque, encore que le tiers soit mort naturellement avant l'âge fixé. Car ce n'est pas la vie du tiers qu'on a pris en considération, mais un nombre d'années déterminé. L'usufruit légal des père et mère devant cesser avec les soins à donner à leurs enfans et par conséquent avec leur vie, fait exception à ce principe.

L'événement de la condition résolutoire, qu'on avait stipulée, fait aussi cesser l'usufruit. Il s'éteindra encore par l'effet d'une condition résolutoire, qui n'aurait pas été stipulée, si celui qui a constitué l'usufruit n'avait qu'une propriété commutable et résoluble dans certains cas : le constituant n'a pas pu conférer plus de droits qu'il n'en avait lui-même. Mais par la même raison celui qui, étant propriétaire incommutable, a constitué un usufruit, ne peut par une aliénation postérieure nuire aux droits de l'usufruitier, qui continue de jouir malgré l'aliénation, s'il n'a pas formellement renoncé à son usufruit.

L'usufruitier peut renoncer à son usufruit, et s'en dépouiller au profit du propriétaire; mais c'est alors une libéralité qui ne doit pas se présumer facilement, et surtout il est défendu à l'usufruitier d'être libéral aux dépens de ses créanciers.

L'usufruit cesse encore par la consolidation, c'est-à-dire par la réunion de la propriété à l'usufruit dans la personne de l'usufruitier; la jouissance de l'usufruitier ne serait plus alors que la conséquence de son titre de propriétaire. Si la consolidation venait à cesser, parce que la propriété acquise à l'usufruitier était commutable, l'usufruit devrait renaître.

L'usufruit cesse par le non usage pendant trente ans.

L'usufruit étant un droit réel, ne peut subsister plus long-temps que la chose même qui en est l'objet. Mais s'il est vrai qu'une perte partielle ne peut nuire aux droits de l'usufruitier sur l'autre partie subsistante, cependant il faut observer que les débris d'une chose ne sont point considérés comme étant une partie de la chose, mais bien comme une autre chose qui prend la place de la première, et qui n'est pas susceptible du même mode de jouissance.

L'usufruitier ne peut plus en jouir qu'autant qu'il reste une partie de la chose dont ces débris sont réputés l'accessoire. L'usufruitier d'une maison perd son droit lorsqu'elle est détruite, tandis que l'usufruitier d'un domaine conserve la jouissance du tout, si l'un des édifices vient à périr.

L'usufruit peut encore cesser par abus de jouissance, mais alors l'extinction doit être prononcée par les juges, qui doivent concilier autant que possible les intérêts du propriétaire et ceux des créanciers de l'usufruitier. Ainsi, ils peuvent prononcer purement et simplement l'extinction de l'usufruit, suivant la gravité des circonstances, ou ne permettre la rentrée du propriétaire dans la jouissance de l'objet grevé, que sous la charge de payer annuellement à l'usufruitier, ou à ses ayant cause, une somme déterminée, jusqu'à l'instant où on aurait cessé l'usufruit.

Droit d'usage et d'habitation.

L'usage d'une chose ne consiste, à proprement parler, que dans l'emploi qu'on en fait pour ses besoins, sans toucher à ses produits.

Sans la participation aux fruits, ce droit n'offrirait presque jamais d'utilité ; on s'est donc habitué à considérer l'usage comme le droit de prendre, sur les produits de la chose, ce qui est nécessaire aux besoins de l'usager.

Chez nous, l'usage est un usufruit partiel, qui s'établit et s'éteint de la même manière que l'usufruit.

L'étendue du droit d'usage se détermine par le titre qui s'établit ; sinon la loi le borne à ce qui est nécessaire aux besoins de l'usager et de sa famille.

Le droit d'habitation est le droit d'habiter dans une maison avec sa famille.

Les besoins de l'usager peuvent devenir plus ou moins considérables, suivant que sa famille augmente ou diminue; ses droits varient dans la même proportion.

L'on ne peut ni céder ni louer ses droits d'usage ou d'habitation, sans doute parce qu'étant bornés au logement et aux fruits nécessaires à l'usager, il importe au propriétaire qu'ils ne passent pas à d'autres, dont les besoins pourraient être plus grands. Ces motifs ne s'appliquent pas à l'usufruitier, qui a droit de prendre tous les fruits et tous les avantages de la chose soumise à son droit.

QUÆRITUR.

An ususfructus, cujus in jure cessionem, non fundi domino, sed extraneo feci, apud me maneat? Manet. (Nec obstat lex. 66, jure datium.)

In actionibus negatoriis, cui incumbit onus probandi? Quis possideat distinguendum.

QUESTIONS.

L'usufruit peut-il être établi par prescription? Non.

Le tiers acquéreur qui a joui du bien avec titre et bonne foi, sans opposition de la part de l'usufruitier, n'a-t-il pas prescrit la pleine propriété, au préjudice de l'usufruitier? Oui.

L'usufruitier peut-il vendre les récoltes sur pied? Oui.

Un fonds de commerce est-il chose fongible? Il faut distinguer.

Les constructions sont-elles au nombre des améliorations pour lesquelles il n'est pas dû indemnité? Non.

Le propriétaire peut-il être forcé de faire les grosses réparations? Non.

Si le troupeau ne périt pas en entier; l'usufruitier est-il tenu du remplacement même sur le croît antérieur? Oui.

Suffit-il qu'il y ait préjudice pour les créanciers, pour qu'ils puissent attaquer la renonciation que l'usufruit fait à son droit? Non.

www.ingramcontent.com/pod-product-compliance
Lightning Source LLC
Chambersburg PA
CBHW070456080426
42451CB00025B/2758